AF257719

MÉMOIRE

HISTORIQUE ET POLITIQUE

SUR LES

INDES ORIENTALES,

OU

sé succint des grands avantages que la
ép blique française pourroit retirer de ses
nouveaux établissemens dans cette partie du
Monde, pour y balancer le pouvoir britannique
et y faire respecter les décrets d'un peuple
souverain.

PRÉSENTÉ

A LA CONVENTION NATIONALE

*Par le citoyen P. L. MOLINE, bibliographe
du Comité d'Instruction publique.*

SE VEND A PARIS,

CHEZ

MARET, Libraire, Cours-des-
Fontaines, maison Egalité.
PICHARD, Libraire, rue de
Thionville, vis-à-vis la rue
Christine.
DRIVET, libraire, Terrasse
des-Feuillans.

DE L'IMPRIMERIE DE BECQUART.

MÉMOIRE

HISTORIQUE ET POLITIQUE

SUR LES

INDES ORIENTALES.

Le trident de Neptune est le sceptre du monde.
LEMIERRE, Épître sur la navigation.

LES intérêts extérieurs de la France appellent aujourd'hui toute l'attention de la Convention nationale.

Les représentans d'un peuple souverain n'ignorent point que le sort de nos Colonies dans les Indes orientales, dépend absolument de nos victoires en Europe.

Les triomphes brillans que les armées de la République française viennent de remporter sur tous les points du globe ; et l'orgueil abattu des tyrans coalisés, qui lui ont suscité la guerre la plus injuste, pour tacher d'anéantir sa liberté reconquise, lui assureront à jamais le droit imprescriptible de faire reconnoître sa souveraineté à tous les peuples de la terre.

Je ne m'étendrai point sur les éloges qui sont dûs à la valeur, à l'énergie et à l'intré-

pidité d'un peuple indomptable, trop long-
tems avili, qui frémit au seul nom d'esclave,
et dont la révolution républicaine, fixant
l'admiration des siècles à venir, rendra
bientôt, dans tous les Empires du monde,
la liberté universelle.

Ami de ma patrie et de ses glorieux
succès, jaloux d'y voir fleurir les sciences,
les arts et toutes les branches du commerce,
je me bornerai seulement à représenter à
la Nation française un exposé concis des
indemnités qu'elle est en droit d'exiger des
ambitieux et féroces Anglais, lorsqu'elle les
forcera à mettre bas les armes, et à lui
restituer les propriétés sacrées dans l'Inde,
qu'ils avoient eu l'audace de lui usurper.

C'est sous le règne d'Aurengzeb, empereur
du Mogol, que les Français s'établirent aux
Indes, en vertu d'un (1) firman obtenu de ce
prince, par lequel il leur concéda les possessions territoriales que nous avons eues en Asie,
dont le chef-lieu étoit Pondichéry ; et il leur
permit d'y faire le commerce en pleine
liberté et sous sa protection immédiate.
Les Français contractèrent alors avec Aurengzeb l'engagement formel de ne point
troubler en aucune façon, les peuples Indiens
qui viendroient s'établir sous leur pavillon,
soit dans l'exercice de leur culte, soit dans

----

(1) Patente ou décret de l'empereur.

(5)

leur obéissance aux lois, usages et coutumes des diverses castes des habitans de l'Inde.

Depuis cette époque, on sait combien nos Colonies ont éprouvé de révolutions : je n'entrerai point dans le détail affligeant des malheurs qui ont entraîné la perte de nos plus belles possessions dans l'Inde, depuis l'origine de la guerre suscitée par les Anglais en 1755, et terminée en 1763. Le but que je me propose, est d'indiquer les moyens de les réparer.

La nation britannique commença à former une branche de commerce dans les Indes orientales en 1710, sous le nom d'une compagnie encore existante, qui tient l'un des premiers rangs parmi celles qui sont établies en Europe, pour le même objet.

L'établissement des Français sur la côte de Coromandel se forma de même, sous le nom d'une compagnie, en 1665; mais ils n'en furent redevables qu'à la concession gracieuse et volontaire du prince souverain, qui voulut bien en disposer en leur faveur, titre bien différent de celui auquel plusieurs puissances de l'Europe, sur-tout les Anglais, occupent aujourd'hui les places et les comptoirs qu'ils ont dans l'Inde, puisqu'ils ne s'en sont emparés que par la violence, la destruction, l'expulsion, les meurtres, l'incendie et la force des armes, ainsi que leurs propres histoires nous l'ont appris. La Compagnie française, jouissant alors en paix, de son heureuse position, rendit des services considérables au roi de Tanjaour, et ce prince, par reconnoissance, lui céda en propre la ville de Karical, le fort de Karangeri et dix aldées, ou villages des environs, avec toutes les terres de leur dépendances.

Les Français s'étant bien fortifiés dans ces différentes villes, en jouirent tranquillement pendant un long intervalle de tems, malgré les incursions de quelques Nababs qui tentèrent de s'en emparer après la fameuse expédition de Thamas-Koulikan contre le grand mogol. Il en a été de même à l'égard des autres possessions qu'ils avoient acquises, tant sur les bords du Gange que sur la côte de Malabar, telles que Chandernagor, Nelour, Chalaimbron, Ariancoupan, Mahé, etc.

A la suite d'une nouvelle guerre, longue et désastreuse entre l'Angleterre et la France, la paix qui fut conclue en 1763, rendit le calme à nos Colonies asiatiques; et, après leur entier rétablissement en 1765, toutes nos possessions dans les Indes orientales, consistoient seulement dans les villes de Pondichéry et de Karical, sur la côte de Coromandel, de Chandernagor dans le Bengale, et de Mahé sur la côte de Malabar. Nous avions un chef à Masulipatnam, et un autre à Yanaon, et nous ne jouissions que d'un simple revenu de cent vingt mille roupies par an, ou trois cent mille livres, monnoie de France. Cet état d'humiliation, nécessité par les circonstances, a duré jusqu'au 18 octobre 1778, funeste époque de la prise de Pondichéry par les Anglais, cette ville étant alors commandée par Bellecombe.

La guerre s'étant encore renouvellée entre la nation britannique et la France, après avoir essuyé dans l'Inde les plus cruelles oppressions de ces barbares insulaires, les Anglais, par le traité de paix de 1783, furent contraints de nous rendre nos possessions usurpées, c'est-à-dire, les mêmes villes ci-dessus nommées ; et nous eûmes l'avantage d'obtenir une augmentation de revenus terri-toriaux dans les quatre sercars, composés de quatre-vingts aldées, ou villages, situés aux environs de Karical ; alors nos revenus dans l'Inde, s'élevèrent à la somme de huit cent mille livres par an : en ajoutant à cette somme celle de deux millions deux cent mille livres que produisoient annuellement le droit d'indult, et celui des fermes sur les mar-chandises fabriquées dans l'Inde et vendues au port de l'Orient, on trouvera que ces différentes sommes composoient le revenu de trois millions, qui servoit à faire face à nos frais d'établissemens civils et militaires dans cette partie de l'Inde, où sont réunis tous les trésors du riche pays du Bengale.

Ce royaume est si fameux dans l'histoire, et il en est fait si souvent mention dans les relations modernes, que je ne puis me dispenser de le faire connoître un peu plus particuliérement dans ce mémoire.

Il n'est peut-être point de contrée au monde, sans en excepter l'Egypte, qui soit d'une aussi grande fertilité que le Bengale, dont l'étendue des deux côtés du Gange, est de près de cent lieues de France. Le ris est sa principale production : il en fournit, non-seulement à ses voisins, mais même à des peuples fort éloignés; on en transporte tous les ans des quantités prodigieuses en l'isle de Ceylan, aux Maldives et sur toute la côte de Coromandel. Il abonde aussi tellement en sucre, qu'il en fournit les royaumes de Golconde et de Carnatte, où il croît fort peu, l'Arabie, la Mésopotamie et la Perse: c'est aussi le pays des meilleures confitures, des plus excellens fruits, sur-tout des ananas et des racines, qu'on appelle *amba*, dont les Portugais font un grand trafic. La volaille n'est nulle part à si bon compte : pour une roupie, c'est-à-dire, environ cinquante sous de France, on peut avoir vingt bonnes poules, ou d'avantage, des oies et des canards à proportion; on y trouve aussi des chèvres, des moutons, des bœufs et des porcs en si grande quantité, que tous les Européens en font de grandes provisions pour leurs navires: il en et de même du poisson, dont les étangs et les rivières sont remplis, ainsi que toutes les côtes de la mer.

Pour ce qui est des marchandises de prix, et qui attirent le commerce des étrangers dans le pays, il n'y a peut-être pas de terre au monde, qui en donne tant, et de tant de sortes différentes. Outre le sucre, il y a des cotons et des soies en telles quantités, qu'on peut dire que le Bengale en est comme le magasin général, non-seulement pour les Indes et toute l'Asie, mais pour l'Europe même. Il y a de quoi s'étonner de la quantité prodigieuse de toiles de coton fines et autres, teintes et blanches, que les Hollandais seuls en tirent, et transportent de tous côtés, principalement au Japon et en Europe. Les soies du Bengale sont encore un objet de commerce très-considérable : elles sont estimées les meilleures de toutes les Indes; enfin, c'est du Bengale que se tirent la bonne lacque, l'opium, la cire, la civette, le poivre-long et le gingembre.

On doit voir par cet apperçu, combien les possessions territoriales de ce fertile pays doivent être précieuses aux nations européennes qui en ont la jouissance; on doit aussi présumer qu'elles ne négligent rien pour les conserver.

Les Anglais, depuis trop long-tems dominateurs sur les mers, sans cesse dévorés d'ambition, d'orgueil, de jalousie et de rapacité, ont trouvé le moyen d'envahir une immense partie des terres du Bengale; et les Français, leurs voisins et leurs rivaux dans ces contrées, étant presque toujours en guerre avec eux, depuis la destruction du fort de Chandernagor, ont vu toutes leurs propriétés dans l'Inde devenir la proie de ces féroces cannibales.

On sait que de tout tems la politique des Anglais, voulant se concilier l'amitié des peuples indiens pour favoriser leur commerce, a employé toutes sortes de ruses, et mis en œuvre tous les moyens possibles pour avilir la nation française au Bengale par les plus noires calomnies; mais ces peuples hospitaliers n'en ont point été abusés; ils ont toujours conservé leur estime pour les Français, et ils n'attendent que le moment de pouvoir se délivrer de la domination britannique.

Les peuples de l'Asie n'ignorent point aujourd'hui que les Anglais, ces infâmes usurpateurs, après s'être enrichis de nos dépouilles, ont exercé sur nous des cruautés dont l'histoire n'offre point d'exemple; ils n'ignorent point que ces tigres altérés de sang, pour mettre le comble à leur barbarie, ont encore osé, de concert avec les puissances de l'Europe, tramer l'horrible complot d'envahir nos ports, de déchirer la France par lambeaux, de susciter une guerre intestine, pour nous entr'égorger, et de nous ravir la liberté que nous avons reconquise au péril de notre vie. . . . . . Mais les peuples de l'Inde apprendront bientôt que le sort des armes en a autrement décidé ; les trompettes de la renommée ne tarderont point à publier, sur les bords du Gange, que l'Europe entière réunie contre nous, n'a pas eu la gloire de pouvoir abattre le courage du soldat français ; que sur tous les points du monde, il a terrassé ou mis en fuite tous les satellites des tyrans ; que l'éclatante victoire a suivi par-tout ses drapeaux tricolores, et qu'il a compté ses jours par ses nouveaux triomphes.....

Enfin, le jour mémorable, l'heureux instant s'approche, où la République française, assise majestueusement sur une base inébranlable, verra courber devant elle le front de l'Anglais consterné. . . . . . Alors, elle le verra, rougissant de ses forfaits, et honteux de l'avoir méconnue et outragée, venir avec respect rendre hommage à sa souveraineté, et recevoir en silence les décrets pacifiques qu'elle voudra bien lui imposer.

La République française alors sera en droit de lui prescrire les moyens salutaires de réparer envers elle les affronts sanglans qu'elle en a reçus ; et elle exigera de lui une indemnité proportionnée aux dépenses incalculables qu'elle a été obligée de faire pour subvenir aux frais d'une guerre aussi injuste que désastreuse.

Elle ne jettera point ses vues, pour cet objet, sur les richesses d'Albion ; elle ne demandera qu'à recouvrer ses anciennes possessions dans l'Inde ; et les représentans d'un peuple souverain, pénétrés des sentimens naturels où les intérêts de la République se trouvent réunis, spécifieront, dans un traité de paix solemnel et irréfragable, les articles suivans, à-peu-près conçus en ces termes, savoir :

1°. Que les Anglais seront tenus de restituer, sans restriction, à la nation française, toutes les possessions légitimes dont elle jouissoit dans les Indes orientales en 1783;

2°. Que les forts qui ont été démolis, soit dans la ville de Chandernagor et autres lieux, qui appartenoient aux Français, seront réconstruits tels qu'ils étoient dans leur origine, et que les anciens fossés des limites des propriétés françaises dans l'Inde, seront entiérement rétablis;

3°. Que toutes les terres voisines des possessions françaises sur la rive droite du Gange, depuis Ferougkabab et au-delà, jusqu'à Balassor, et depuis Pondichéry jusqu'aux montagnes de Gatte, c'est-à-dire à l'ouest, en tirant une ligne de démarcation du soleil levant au soleil couchant jusqu'au cap Commorin, seront cédées par les Anglais à la nation française, sans aucune réserve;

4°. Que les vaisseaux de la République française ne seront jamais sujets à être visités, lorsqu'ils aborderont dans les parages anglais de l'Inde et autres ports d'Europe, sous quelque prétexte que ce soit; et que ses pavillons tricolores seront respectés par la nation britannique sur toutes les mers;

5°. Que les Français useront du droit qu'ils ont toujours eu, de pouvoir transporter du sel au Bengale, et de le vendre aux naturels du pays dans les provinces de Dorixa, de Bahar et de l'Indoustan, sans que les Anglais y puissent jamais porter aucun obstacle;

6°. Que la navigation sur le fleuve du Gange sera absolument libre et permise à tous les républicains français, sans qu'ils puissent y être inquiétés par aucune puissance étrangère;

7°. Que tous les Français indistinctement jouiront de la liberté indéfinie du commerce dans toutes les parties de l'Inde, et qu'ils auront le droit imprescriptible d'y faire fabriquer des toiles de coton, des mousselines, des mouchoirs, et autres étoffes du pays, dans toute l'étendue de leurs propriétés et des différentes provinces de l'Inde, ci-dessus nommées.

On doit juger par ces articles jettés au hasard, que je n'ai fait que tracer une légère esquisse du plan de traité de paix que la République française triomphante aura le droit d'imposer à l'audacieuse Angleterre, abattue par la force de ses armes : mais ces conditions, envers ce peuple de tyrans, ne sont point encore suffisantes pour dédommager la France des immenses pertes qu'elle a essuyées, en soutenant quatorze armées contre toutes les puissances de l'Europe ; les Hollandais, qui ont eu la bassesse de se joindre à leur infâme coalition, doivent à la nation française, ainsi que les Anglais, une égale indemnité.

Ces marchands prétendus républicains, qui régorgent de richesses qu'ils ont acquises par leur commerce dans toutes les parties du monde, jouissent des plus belles possessions qui existent dans les Indes orientales.

Maîtres de l'isle de Ceylan, ils dominent sur le golphe du Bengale, par la situation avantageuse du port de Trinque-Malé. Ce port est d'une haute importance pour favoriser les vaisseaux qui arrivent dans ce golphe : il est par sa nature, le plus sûr abri pour tous les navires des armateurs européens qui commercent dans l'Inde ; et delà je dois présumer que les grands intérêts de la République française, relatifs aux navigations dans l'Inde, exigeront impérieusement que les Hollandais, à titre d'indemnité pour les frais de la guerre, lui cèdent, par

(15)

un traité authentique, l'entière propriété du port de Trinque-Malé, dans l'isle de Ceylan, préférablement à toute autre de leurs possèssions sur la côte de Coromandel.

Si toute-fois la cession pure et simple du port de Trinque-Malé n'étoit point suffisante pour remplir les justes prétentions de la République française, à l'indemnité qu'elle a droit d'exiger des Hollandais, il y a lieu de croire que les ci-devant esclaves du stathouder, les lâches satellites des ministres de la cour de Londres, seroient encore assez généreux pour céder également aux Français le cap de Bonne - Espérance sur la côte d'Afrique, dont ils sont possesseurs depuis long-tems.

C'est enfin par ces mesures pacifiques que je ne fais qu'indiquer, sans objet déterminé, que les Français victorieux se verront bientôt rétablis dans leurs anciennes propriétés de l'Inde ; c'est aussi par ces moyens qu'ils pourront à l'avenir atténuer, et rivaliser le riche commerce des Anglais et des Hollandais, et voir chaque jour diminuer la splendeur de leurs établissemens, en faisant prospérer les leurs dans cette partie du monde.

Les nouveaux établissemens des Français dans l'Inde, pourront alors être confiés, pour leur défense et leur conservation, aux soins et à la vigilance des naturels du pays et des

troupes républicaines , et sur-tout des (1)
Cipaies , dont l'entretien coûte si peu, at-
tendu la prodigieuse quantité de comestibles,
dont l'Inde régorge.

D'ailleurs , il est à-propos d'observer ,
comme je l'ai déja dit , et que je dois encore
le répéter , en ayant des preuves incontes-
tables , que la plupart de ces malheureux
Indiens gémissent depuis long-tems de l'af-
freuse tyrannie qu'exercent sur eux les Anglais
dans leurs différentes colonies au Bengale,
et dans leurs riches possessions qu'ils n'ont
envahies et usurpées qu'avec la flamme et le
fer , en exerçant toutes sortes de cruautés sur
des peuples qu'ils rendent esclaves.

Ces Indiens sont naturellement humains ,
généreux, compatissans et hospitaliers ; mais
ils éprouvent chaque jour des vexations
continuelles, et ils sont traités si durement
qu'ils ne peuvent plus supporter le joug de
la domination britannique.

Les relations intimes que j'ai eues avec
des habitans de l'Inde, pendant leur séjour
à Paris, m'ont donné les renseignemens les
plus positifs sur cette partie du Monde, et
m'ont confirmé les faits que j'avance , faits
certains, qui ne sont pas même démentis par
les Anglais dans les récits modernes de leurs
voyages au Bengale.

---

(1) Soldats de l'infanterie indienne.

D'après

D'après ces grandes considérations on peut aisément juger quel effet produiroit sur l'esprit de ces malheureux Indiens, le fameux décret de la Convention nationale, qui rend libres tous les esclaves, sur le territoire de la République française.

A peine ces peuples asservis auroient jetté les yeux sur nos établissemens nouveaux remis en activité, qu'ils compareroient leur sort avec celui de leurs voisins; on les verroit alors secouer leurs chaînes, et traverser à la nage le fleuve du Gange, pour venir trouver un asyle sur le rivage habité par les républicains français. Ces peuples, qui, depuis long-tems, ont reçu des preuves si éclatantes de la justice et de la loyauté des Français, seroient jaloux de respirer auprès d'eux l'air pur de l'indépendance et de la liberté; ils s'empresseroient tous à l'envi de leur offrir leurs bras et leur industrie pour les seconder dans leurs travaux, pour veiller à leur sûreté et à leur conservation. Ah ! combien de richesses pour la France pourroient découler des habiles mains des Orientaux !

Une longue expérience ne nous a malheureusement que trop prouvé que les plus belles toiles et mousselines de nos manufactures d'Europe n'ont jamais pu atteindre le degré de perfection et de finesse de celles qu'on fabrique dans l'Inde et en Chine.

Il est donc du plus grand intérêt de la nation française de porter toutes ses vues

B .

sur l'Inde ; il est encore plus de sa gloire,
après avoir triomphé de tous les despotes de
l'Europe, qu'elle reprenne aujourd'hui le
même empire dont elle jouissoit en Asie
depuis l'instant où, sous la protection du
grand mogol, elle fonda des établissemens
sur la côte de Coromandel et dans la ville
de Pondichéry. Elle ne se bornera pas seulement à se contenter des établissemens qu'elle
avoit aux Indes en 1783 ; elle se rappellera
que la France a toujours été faite pour être
la nation prépondérante en Asie, comme
elle l'a toujours été en Europe ; elle n'ignore
pas que les Anglais possèdent un revenu
annuel de trois cent millions dans les Indes :
elle doit mettre un frein à leur rapacité ; et,
en donnant au commerce du Bengale une
liberté sans limites, elle les forcera malgré
eux à respecter en Asie le pavillon français.

Pour mieux consolider sa puissance dans
les Indes, la République française ne né-
gligera point d'entretenir ses liaisons politiques avec les princes de l'Indostan, et sur-
tout avec le célèbre Tippou-Saïb, qui ne de-
mande pas mieux que de favoriser dans ces
vastes contrées les nouveaux établissemens
des Français, dont le sage gouvernement
a toujours été chéri des naturels du pays.

Quels précieux avantages ne trouvera point
encore la République française, en employant
ces Indiens laborieux, soit à cultiver les
terres de sa dépendance, soit à exercer leurs

talens dans ses nouvelles manufactures. Ce peuple peut lui fournir aussi de grandes ressources pour des objets non moins importans ; car, vû l'immense population de ce pays, elle peut en tirer au besoin une pépinière de matelots et de soldats pour étendre son commerce dans toutes les parties du Monde. On sait que les Anglais ne doivent leurs grandes richesses qu'à l'industrie de ces pauvres Indiens.

La ville de Pondichéry est par sa situation fort avantageuse pour le commerce de l'Inde ; elle n'étoit dans son origine qu'un village, ou aldée, dépendant de la province de Carnatte, et elle s'est infiniment agrandie par la considération que les Français se sont toujours acquise dans ce pays. Un nombre prodigieux de bâtimens, en décore l'enceinte, et elle a aussi de superbes magasins qui entourent son port : il seroit à-propos d'y faire construire, à peu de frais, une petite forteresse, et six mille hommes pourroient la défendre en cas de siége. Cette ville a toujours été le chef-lieu des Français dans l'Inde.

La position de la ville de Karical, voisine de celle de Tranque-Bar, qui appartient aux Danois, exigeroit aussi d'avoir pour sa défense une petite forteresse, qui pût contenir environ deux mille hommes. Cette place est située à côté d'une rivière qui se jette dans la mer par deux embouchures, et avec très-peu, de dépense , on pourroit la réunir en une. Alors, cette rivière devenue navigable , pourroit servir à hyverner un nombre infini de navires marchands, et son agréable situation la rendroit bientôt une ville des plus commerçantes de l'Inde.

En général, toutes les puissances européennes, qui ont voulu faire construire des grandes forteresses dans cette partie du Monde, ont toujours fini, tôt ou tard, par les perdre. C'est ainsi que les Portugais en ont souvent perdu qui leur paroissoient imprénables , et qui leur avoient coûté des sommes immenses ; mais dans des endroits bien situés, ainsi que Pondichéry et Karical , on peut sans crainte y élever des petites forteresses à peu de frais, et y mettre fort peu de monde pour les défendre et les conserver.

Si, dans la suite des tems, les Anglais, voisins de nos possessions dans l'Inde, se permettoient encore de violer nos traités de paix et osoient se porter à quelques hostilités, comme ils l'ont fait tant de fois, et sur-tout dans la dernière guerre de l'Inde , fussent-ils supérieurs en nombre, ils ne seroient jamais à craindre pour les Français, qui trouveroient toujours un ferme appui en Tippou-Saïb leur allié, et l'ennemi implacable de la nation britannique.

La nation française ne doit point aussi se dissimuler qu'au premier signal, Tippou-Saïb, à la tête de son armée, voleroit aux secours de nos propriétés assiégées, et qu'il auroit bientôt taillé en pièces cette horde d'usurpateurs, qui tenteroient de les envahir. Combien d'autres Nababs suivroient son exemple !

Vainement les politiques européens, sur de faux préjugés, ont voulu persuader dans leurs écrits aux nations éclairées, que les princes indiens adoroient le gouvernement britannique : tous ces faits ont été démentis par les voyageurs modernes ; voici comment s'exprime, à ce sujet, l'Anglais Makintosh, dans la relation de ses voyages en Europe, en Asie et en Afrique, en 1780 :

« *Les princes indiens ne voyent dans les Anglais que les violateurs de leur religion, les perturbateurs de la paix de l'Asie, en un mot, que leurs tyrans. Aulieu de vénérer les Anglais, ils les ont à présent en horreur ; aulieu d'être sollicités, les Anglais les sollicitent à présent en vain : ce sont les Anglais qui leur donnent aujourd'hui de l'argent pour intercéder en leur faveur auprès de leurs ennemis ; et cependant les auteurs de ces calamités persistent dans leur systême funeste, et ont encore l'art d'en imposer à leur patrie* ».

Makintosh en dit encore autant des Hollandais, et voici comment il s'exprime dans la même relation :

« *Les mécontentemens qui régnoient au*

cap de Bonne-Espérance, lors de mon premier voyage, entre le peuple et le gouvernement, étoient, à mon retour, changés en discorde, et en une rebellion ouverte, qui ressembloit à une insurrection. La nation, accablée par l'oppression continuelle du gouvernement, et par la tyrannie de la Compagnie, sollicitoit, par des représentations et des députés, une réforme en vain; et, enfin, elle députa ouvertement quelques personnes de la plus haute classe, pour exposer aux états-généraux les crimes et les exactions; pour demander une réforme, et demanda d'être affranchie de la servitude que lui avoit imposée le gouvernement de la Compagnie ».

Il est donc, je le répète, du plus grand intérêt pour la République française de consolider son alliance avec Tippou-Saïb. Ce conquérant intrépide, et si renommé dans l'Inde, a toujours sur pied une armée composée de plus de quatre-vingt mille hommes de cavalerie, et de plus de deux cent mille hommes d'infanterie.

Personne n'ignore les victoires signalées qu'il a remportées sur les Anglais pendant les dernières guerres, tant sur la côte de Coromandel que dans son pays.

Là nation française, fière de son alliance avec ce prince belliqueux, redoublera sans doute aujourd'hui d'efforts et de zèle pour resserrer les nœuds d'amitié et de concorde qui l'attachent à lui. C'est par cette heureuse réunion qu'elle pourra sans crainte rivaliser et abattre dans l'Inde la domination insolente des Anglais, qui prétendent asservir toujours les habitans de cette partie du Monde, et qui ont encore la bassesse de vouloir dégrader à leurs yeux les généreux sentimens de la nation française. Que n'ont-ils pas mis en œuvre, ces barbares, pour rendre les Français odieux à tous les peuples du Monde ?

Conway, gouverneur-général des établissemens français dans les Indes orientales, et Macnemara, commandant-général de la marine, ont imaginé toutes sortes de ruses et d'atrocités pour aliéner l'esprit de Tippou-Saïb contre les Français ; mais ils n'y ont jamais réussi.

On ne sauroit s'imaginer avec quel mépris et quelle dureté ces deux commandans recevoient chez eux, en 1789, les ambassadeurs qu'on leur députoit à Pondichéry, pour traiter de quelques négociations relatives aux affaires de l'Inde. Ils étoient si mal disposés en faveur de Tippou-Saïb, qu'ils faisoient arrêter, de leur pleine autorité, toutes les personnes qui témoignoient le moindre desir d'aller servir sous ses drapeaux, ils en agissoient de même à l'égard des troupes qu'on envoyoit de plusieurs parties d'Europe pour cet objet ; et ils autorisoient des officiers anglais à enrôler de force un nombre finini de

Français pour servir dans leurs corps , et porter les armes contre Tippou-Saïb.

Un citoyen, avec qui je suis lié depuis nombre d'années , et duquel je donnerai une notice à la fin de ce Mémoire, étoit à Pondichéry en 1789, où il a été le fidèle témoin des faits que je viens de citer. Il y a vu des officiers anglais, ou pour mieux dire des brigands racoleurs, qui , au mépris des lois de la nature et des droits sacrés de l'homme , faisoient engager de force tous les Français, sans distinction d'âge , pour les incorporer dans leurs bataillons , et ils les faisoient marcher sur-le-champ contre l'armée de Tippou-Saïb.

Ce même citoyen , en 1792 , étant encore à Pondichéry, a vu une infinité de ces lâches anglais , déguisés sous l'uniforme des soldats français , accourir en foule dans les magasins de cette ville , pour y enlever toutes sortes de provisions, sous le prétexte de les faire transporter à l'armée de Tippou-Saïb , qui en manquoit en ce moment , et qui les attendoit avec impatience ; et ces scélérats, par cette indigne ruse, trouvèrent le moyen d'affamer Pondichéry, de réduire aux abois l'armée de Tippou-Saïb , et d'approvisionner leur camp. Ce larcin ne tarda point à être découvert ; mais il ne fut plus tems d'y remédier.

On feroit un immense volume , si l'on vouloit rapporter tous les traits de perfidie et de vengeance, toutes les trahisons et les crimes dont cette nation immorale s'est souillée depuis tant de siècles; mais leurs attentats sont à leur comble, et leur règne touche à sa fin.

La souveraineté du peuple français va être bientôt reconnue par tous les peuples de la Terre, et les trompettes de la renommée ne cesseront point de leur répéter que la justice et la vertu, bases immuables de sa constitution, y seront sans cesse à l'ordre du jour.

La République française devenant puissance territoriale et commerçante dans l'Inde, il me paroît être d'une absolue nécessité qu'elle cherche à établir incessamment des communications sûres et promptes d'Europe, avec cette partie du Monde, l'une par la ville de Suez en Egypte, et l'autre par celle de Bassora.

Dans la ville de Moka en Arabie, située à l'entrée de la Mer rouge, il existe encore aujourd'hui une factorie qui appartient à la France, et la République française pourroit en établir une pareille à Bassora, en y plaçant un agent pour la diriger. Deux petits navires de l'Inde suffiroient pour les expéditions commerciales, d'une ville à l'autre, et pour pénétrer dans le fonds du golphe Persique. Un navire iroit se rendre à Suez, dans la saison favorable, pour y faire le commerce de l'Egypte et de Moka, et l'autre se rendroit à Bassora et dans le golphe Persique pour le même objet.

C'est dans ces ports de mer où les deux vaisseaux de la République attendroient les dépêches du gouvernement venant de Marseille, les unes par Alexandrie, le Grand-Caire et Suez; les autres par Alexandrette, ou Latakie, Alep et Bassora; mais ce dernier trajet est le plus long: on pourroit cependant l'entreprendre, quand la mousson de la Mer rouge est contraire à la navigation.

Il faut considérer dans tous ces rapports, qu'il n'existe point de nation en Europe qui soit plus heureusement située que la France, pour avoir une communication prompte avec l'Inde.

Si les ambitieux anglais ont eu l'adresse de s'enrichir par les productions de l'Inde, en établissant un commerce dans cette partie du Monde, ils ne les doivent qu'à la célérité avec laquelle ils ont su se pratiquer des communications en Asie, par la voie de l'Egypte et de l'Arabie. Jaloux de conserver leur domination dans l'Inde, ils n'ont rien négligé pour entretenir le cours de leurs correspondances rapides avec les naturels de ce pays; mais ils ont beaucoup d'obstacles à vaincre pour y parvenir. N'étant point aussi bien situés que les Français, ils sont forcés de faire un grand circuit pour joindre la Mer méditerrannée; il faut qu'ils traversent la Hollande et l'Allemagne, pour aller s'embarquer en Italie, soit à Venise, à Livourne ou en d'autres ports de mer.

La France, par son heureuse position, n'a pas besoin d'employer ces longs détours : la Mer méditerrannée, qui baigne son sol, lui ouvre les portes du levant, et toutes les autres communications, pour parvenir en sûreté dans les Indes orientales.

Si la République française avoit un jour en sa possession la ville de Trinque-Malé, dans l'isle de Ceylan ; son port, l'un des plus avantageux pour le commerce de l'Inde, pourroit y servir dans la suite de rendez-vous général pour tous ses vaisseaux venant d'Europe, de l'Isle-de-France, du cap de Bonne-Espérance, de Batavia, de la Mer rouge, du golphe Persique, de Suratte et de Bassora, ainsi que des autres, partant du Bengale, du Gange et de la côte de Coromandel : c'est-là où se recueilleroient toutes les dépêches d'Europe qu'on feroit circuler dans toutes les parties de l'Inde.

Les Français s'étant mis en possession de la rive droite du Gange, comme je l'ai indiqué ci-dessus, il leur seroit facile de mettre sur pied, en très-peu de tems, une petite armée de quarante mille Cipaies, à laquelle on pourroit joindre quelques canonniers européens et quelques bataillons de volontaires. Ils y seroient tous parfaitement bien entretenus, sans qu'il en coûtât un sol à la République. Le seul revenu du territoire qu'ils occuperoient, seroit plus que suffisant pour subvenir aux dépenses de cette armée.

Il est évident qu'avec cette force de troupes de terre, et l'alliance de Tippou-Saïb, la République française, prépondérante dans une partie de l'Inde, mettroit les Anglais hors d'état de porter jamais atteinte à ses propriétés.

Pendant que les Anglais faisoient une guerre sanglante à Haïder-Aly, père de Tippou-Saïb, ils étoient dans l'usage de faire toujours marcher plusieurs corps d'armée, du Bengale à la côte de Coromandel, par Ballassor, et leurs troupes étoient obligées de traverser le Gange, pour aller au-devant de l'ennemi. Les Français devenant maîtres de la rive droite du Gange, opposeroient alors une barrière insurmontable aux Anglais; ils leur ôteroient tous les moyens de pénétrer sur leur territoire; et les lâches oppresseurs des foibles Indiens, qui devant les Français ne trouvent leur salut que dans la fuite, comme ils l'ont prouvé à Toulon, en Hollande et dans la Belgique, n'auront point assez de courage pour oser attaquer, dans leurs re-tranchemens, des républicains qui les ont par-tout vaincus.

Le niveau de l'égalité ayant fait disparoître les antiques préjugés du gouvernement mo-narchique, le Français régénéré et devenu républicain, sous les sages lois de la démo-cratie, est devenu tout-à-coup soldat et commerçant. En vain l'Europe réunie a voulu le combattre et l'asservir : fier de son indépendance et de sa liberté, son courage l'a fait triompher de tous les despotes; il a subjugué ses tyrans; et bientôt son commerce, reprenant une nouvelle splendeur, il deviendra l'ami et l'allié des nations les plus reculées du Monde.

Pour rendre aujourd'hui le commerce de la France, avec les peuples de l'Asie, l'un des plus florissans qui ait jamais existé, la République française ne sauroit assez multiplier ses factories, sur-tout dans les villes où le commerce y est le plus en vigueur.

J'ai déja désigné deux de ses factories, l'une à Moka, et l'autre à Bassora; mais ce n'est point assez pour une grande et puissante République telle que la France. J'ai lieu de croire qu'elle ne pourroit point se dispenser de faire rétablir ses anciennes factories à Yanaon et à Masulipatnam sur la côte de Coromandel.

Il est également de son intérêt qu'elle en établisse deux autres sur la côte de Malabar, l'une à Mahé, et l'autre à Calicute, pour y faire le commerce du poivre et de plusieurs autres épiceries.

La ville de Suratte dans les états du grand-mogol, est encore une de celles qui semble exiger plus particuliérement un semblable établissement. C'est la place la plus commerçante de ce pays; ses riches magasins sont toujours remplis du plus beau coton qui croisse dans l'Inde, et la nation française pourroit au besoin, à l'aide de sa factorie, en fournir tous les ans avec abondance, ses nouvelles manufactures de mousselines, à l'instar de celles de l'Inde, dont elle vient de décréter l'heureux établissement.

Les transports des cotons de l'Inde, et des autres marchandises fabriquées dans ce pays, occuperoient sans cesse une infinité d'ouvriers et de matelots, qui seroient toujours en activité. Les vaisseaux chargés de ces marchandises, en sortant du port de Suratte, se rendroient à l'istme de Suez, pendant la saison la plus favorable ; delà on pourroit les faire transporter sur le dos des chameaux jusqu'au grand Caire, (ce voyage n'est que de trois jours.) ensuite sur le Nil jusqu'à Alexandrie, et delà au port de Marseille.

Des voyageurs dignes de foi, tant Anglais, que Hollandais et Portugais, qui ont été dans l'Inde et en sont revenus par cette route, nous assurent dans leurs relations, que ce grand voyage peut se faire aisément en trois mois. On peut d'ailleurs consulter sur cet objet, la description qu'en ont faite dans leurs écrits, les voyageurs Capper et Sparrman.

Il est probable que la République française retireroit les plus grands avantages de ses établissemens, en se servant de cette voie pour envoyer ses dépêches dans l'Inde et en faire venir toutes les marchandises dont elle auroit besoin.

Ces communications une fois établies entre l'Inde et la France, d'autres objets non-moins importans fixeront aussi l'attention des comités de la représentation nationale; objets relatifs aux munitions de guerre.

Pour que nos arsenaux soient toujours bien fournis en tous tems, la Convention nationale, dans sa sagesse prévoyante, ne manquera pas d'ordonner par un décret, que tous les vaisseaux, partant du Bengale pour l'Europe, seront tenus de prendre une partie de leur lest en salpêtre, qui est infiniment abondant dans cette partie du Monde.

L'intérêt de la République m'engage aussi à lui communiquer que les peuples indiens, qui habitent sur les rives du Gange, ne sont pas les seuls qui vôtent pour le nouveau rétablissement des Français dans l'Inde. Les Siamois et les Cochinchinois ont souvent manifesté leur vœu à cet égard; ils ont toujours desiré de former et d'entretenir une branche de commerce avec les Français, depuis l'origine de leurs établissemens dans ce pays; mais les vices de l'ancien gouvernement, sous un ministère corrompu, et la jalousie jointe à la rapacité des négocians anglais, y ont toujours porté obstacle.

Tous les faits que j'avance, m'ont été confirmés par un fidèle témoin que j'ai désigné dans ce Mémoire : c'est le citoyen Winand-Moreau, natif de Liége, et naturalisé Français depuis plus de vingt années.

Ce citoyen, curieux de voyager, pour étendre ses connoissances, a déja parcouru plusieurs fois, avec réflexion, la Turquie d'Europe et d'Asie, l'Arabie, l'Egypte, la côte de Malabar, la côte de Coromandel, le Bengale, l'Indoustan, le Mogol, la Cochinhine et le royaume de Siam.

Pendant les deux voyages qu'il a faits aux Indes orientales, il a parcouru une grande partie des pays qui sont sous la domination de Tippou-Saib ; et ce prince l'ayant reçu à son audience, l'accueillit avec distinction, vû sa qualité de Français.

Ce citoyen, qui étoit au Bengale en 1792, étant actuellement à Paris, pourroit donner à la Convention nationale des renseignemens positifs sur l'état de l'Inde, sur les possessions des Anglais, et sur les intentions amicales de Tippou-Saib envers la République française.

Un autre objet non moins intéressant, et qui concerne la littérature, sera sans doute pris en considération par les comités de Salut public, d'Instruction publique, de Marine, de Commerce et des Colonies, réunis.

Le citoyen Winand-Moreau m'a communiqué un manuscrit précieux, dont il est possesseur ; c'est un dictionnaire en langue Maure,

Maure, ou Indienne et française, composé au Bengale. Un ouvrage de cette importance doit manquer certainement dans nos bibliothèques nationales, et je crois qu'il seroit de l'intérêt de la République d'en ordonner l'impression.

Ce livre seroit de la plus grande utilité, non seulement pour l'instruction publique, pour la marine et pour le commerce, mais encore pour les armateurs, les négocians et les voyageurs qui se transporteroient dans les Indes orientales. Ils trouveroient dans ce ce livre une nomenclature exacte de tous les termes dont on se sert pour commander le service de mer et de terre en langue Maure ou Indienne, et se faire entendre des Lascars, c'est-à-dire des matelots indiens. Il n'est pas possible de pouvoir se passer de ces sortes de gens dans ce pays, et il est aussi essentiel qu'indispensable de connoître leur idiôme, pour les faire manœuvrer à bord des navires, ou dans l'intérieur des ports.

C'est avec ces Lascars que, pour l'ordinaire, les Hollandais, les Portugais, les Danois et les Anglais font des navigations dans toutes les parties des Indes, aux isles de France et de Bourbon, à Batavia, en Chine, à Siam, à la Cochinchine, à Manille, au Pégu, à Achem, à Aracan, au Bengale, aux côtes de Coromandel et de Malabar, à l'isle de Ceylan, à Goa, à Bombay, à Suratte, à Bassora, à Mascate, à Mocka, à Suez, à la